QUATORZIÈME CONGRÈS DE LA PROPRIÉTÉ BATIE DE FRANCE

ANGERS 1910

## SECTION II

# RESPONSABILITÉ DE L'ÉTAT

## EN CAS DE TROUBLES OU D'ÉMEUTES

## RAPPORT

DE LA

*Chambre syndicale des Propriétés Immobilières*

DE LA VILLE DE LYON

LYON

IMPRIMERIE ET LITHOGRAPHIE AUG. GENESTE

71, rue Molière, 71

—

1910

## SECTION II

# RESPONSABILITÉ DE L'ÉTAT

## EN CAS DE TROUBLES OU D'ÉMEUTES

# RAPPORT

DE LA

## Chambre syndicale des Propriétés Immobilières

DE LA VILLE DE LYON

LYON

IMPRIMERIE ET LITHOGRAPHIE AUG. GENESTE

71, rue Molière, 71

1910

## SECTION II

# LA RESPONSABILITÉ DE L'ÉTAT

## EN CAS DE TROUBLES OU D'ÉMEUTES

## LA LÉGISLATION ACTUELLE

La législation française a toujours admis depuis la Révolution, que les citoyens lésés dans leurs intérêts particuliers par des émeutes, des troubles publics, des rassemblements, ont le droit d'en obtenir réparation pécuniaire de la commune à laquelle ils appartiennent et qui aurait dû les protéger, à moins qu'elle ne justifie de l'impossibilité positive où elle s'est trouvée, sans d'ailleurs être en faute, d'empêcher ces troubles et ces dommages (1).

La loi municipale du 5 avril 1884 a fait une application raisonnable de ce principe par ses articles 106 et 107, qui exigent des communes la réparation du dommage dans la mesure même où il a été éprouvé.

Il est cependant fait par l'article 108 de la loi de 1884 une exception préremptoire en faveur des communes où l'autorité municipale ne dispose ni de la police ni de la force armée et qui sont expressément soustraites à toute responsabilité en cas de troubles. En fait cette exception s'applique exclusivement aux villes de Paris, de Lyon, — et de Marseille depuis la loi du

---

(1) Proposition de loi portant modification de l'article 108 de la loi du 5 avril 1884, par M. Gourju, sénateur, 26 mars 1900,

8 mars 1908, — et aux communes de leurs « agglomérations » respectives.

L'exception est motivée par cette considération de droit élémentaire que toute responsabilité suppose une faute, au moins par omission, et que nul ne peut être réputé en faute pour n'avoir pas empêché un mal s'il ne disposait d'aucun moyen légal de le conjurer. Ces trois villes dans lesquelles la police est exercée par le préfet, représentant du Gouvernement, ne pouvaient évidemment être tenues de répondre des troubles qu'elles n'ont pas les moyens de prévenir ou d'empêcher.

On pourrait croire que dans le cas particulier de ces communes, la responsabilité soit simplement déplacée et qu'elle incombe à l'Etat, puisqu'il se réserve sur leurs territoires les moyens de coercition qui partout ailleurs appartiennent aux autorités locales, qu'il s'y substitue à elles et qu'ainsi la faute (lorsque faute il y a) est le fait de ses propres agents.

Malheureusement pour les intéressés il n'en est rien dans l'état actuel de notre législation ; car nul texte de loi n'a posé en termes concrets, ni à plus forte raison n'a organisé la responsabilité de l'Etat en pareil cas. Aussi une jurisprudence constante repousse-t-elle invariablement toutes les actions judiciaires qui sont dirigées contre l'Etat après des troubles publics dans les communes ci-dessus désignées assujetties à un régime exceptionnel.

Il en résulte que contrairement au principe de l'égalité devant la loi qui est une des règles supérieures de notre droit public depuis la déclaration des Droits de l'homme, les habitants de ces trois villes ne peuvent trouver de juges, ni obtenir de dommages-intérêts pour une catégorie de faits dommageables qui partout ailleurs en France leur ouvriraient un droit incontestable à la réparation en justice.

Les lacunes de cette loi se sont fait sentir à Lyon d'une manière cruelle lors des troubles qui suivirent la mort tragique du président Carnot. Les nombreuses victimes de ces événements ont dû renoncer à toute action devant les tribunaux, et au lieu d'une réparation exacte du dommage souffert qu'ils auraient obtenue si les attentats s'étaient produits à

Bordeaux, à Toulouse ou dans le moindre village de France, ils durent accepter, après plusieurs années perdues, une indemnité législative tout à fait insuffisante, donnée, en quelque sorte, à titre d'aumône.

A un autre point de vue, en dehors de l'exception prévue pour Paris, Lyon et Marseille, la loi de 1884 ne protège les citoyens des autres communes et leurs propriétés contre les hasards d'une émeute qu'à trois conditions :

1º Que le dommage causé ne résulte pas d'un fait de guerre ;

2º Que la municipalité ait eu la disposition de la police ou de la force armée ;

3º Qu'elle ait négligé de s'en servir à l'effet de prévenir les rassemblements et d'en faire connaître les auteurs.

Si une seule de ces trois conditions fait défaut, non seulement la commune n'est pas responsable des dommages causés, *mais personne n'en est responsable* : sauf le malheureux propriétaire ou commerçant ruiné par les émeutiers. La seule consolation qu'on lui laisse est de penser que les ruines de son établissement n'intéressent que lui-même et ne coûteront pas un centime à ses concitoyens plus chanceux.

Que la responsabilité de la commune cesse lorsque la municipalité a fait son devoir, cela se comprend. Mais qu'aucune autre responsabilité collective — celle de l'Etat notamment — n'intervienne pour garantir la personne et les biens des citoyens, cela est plus discutable.

Voici deux communes voisines : l'une est administrée par une municipalité prudente, l'autre est gouvernée par une municipalité révolutionnaire. Une émeute éclate dans cette dernière commune et gagne le territoire voisin. Des établissements industriels sont pillés ici et là. Les victimes seront indemnisées dans la commune révolutionnaire où la municipalité fut complice des troubles. Au contraire, elles ne recevront pas un centime de dommages-intérêts dans la commune où la municipalité témoignera qu'elle fit tous ses efforts pour réprimer les troubles.

Ainsi la loi de 1884 aboutit dans ce cas à ce résultat paradoxal, que plus la municipalité d'une commune est amie de l'ordre, moins il se peut que les intérêts particuliers soient protégés en cas de désordres !


## LA QUESTION DEVANT LE PARLEMENT

### Des propositions de lois présentées de 1895 à 1907

Il est certain que cette situation tant pour Paris, Lyon et Marseille, que pour les autres communes, choque le bon sens et les principes d'une saine administration. On ne pouvait donc que louer la Chambre des députés en 1895, puis le Sénat en 1900, de vouloir compléter ou réformer une législation si mal comprise.

Les rapports que nous avons déjà présentés sur cette question à Nice en 1901, au Havre en 1902, à Toulouse en 1904 et à Bordeaux en 1905, contiennent l'analyse des propositions de loi déposées à ce sujet par M. Fleury Ravarin à la Chambre des députés et par M. Gourju, au Sénat. Nous n'y reviendrons donc pas.

Bornons-nous à rappeler que chaque fois qu'il a été saisi de la question, le Gouvernement n'a jamais manqué de se retrancher derrière le principe de *l'irresponsabilité de l'Etat.*

Sa réponse a toujours été invariablement la même : il ne doit aucune indemnité, il n'est tenu à rien. La responsabilité civile des délits et quasi-délits, édictée par les articles 1382 et suivants du Code civil, n'est pas applicable à l'Etat, lorsque celui ci intervient comme puissance publique. Sa responsabilité ne peut être régie par les principes établis dans le Code civil pour les rapports de particulier à particulier ; elle n'est ni générale, ni absolue ; elle a ses règles spéciales qui varient suivant la nécessité de concilier les droits de l'Etat avec les droits privés ; et dans l'espèce, dans le cas d'émeutes, l'Etat ne peut pas plus être responsable pécuniairement qu'il ne l'est dans les autres cas où il agit dans sa pleine et entière souveraineté. S'il veut bien venir en aide aux victimes des dégâts, il le fait de son plein gré, à titre de secours seulement, et dans la mesure qu'il lui plaît, pour des motifs d'équité et aussi pour des raisons de convenances politiques qu'il est toujours libre d'apprécier.

Une raison plus spécieuse fût même invoquée par le Gouvernement. Ses représentants ne voulaient pas admettre qu'il pût être porté atteinte au principe de la séparation des pouvoirs par des actions en garantie ou par des actions récursoires que les particuliers auraient exercées. contre l'Etat devant les tribunaux civils. La responsabilité de l'Etat ne pouvait pas être invoquée directement par les particuliers, surtout si l'action devait être portée devant les tribunaux ordinaires.

*<br>* *

Cinq propositions de loi se trouvaient en présence au Sénat en 1906.

La première en date, émanant de M. Gourju, *substituait simplement la responsabilité de l'Etat à celle des communes toutes les fois qu'elles n'auraient pas la disposition de la police.* C'est dans cette première forme, singulièrement peu compliquée, que cette proposition de loi avait été prise en considération le 25 mai 1900 par le Sénat, et qu'elle fut adoptée, après une longue étude, en février 1904, par la Commission spéciale chargée d'en faire l'examen.

Mais lorsqu'elle vint en discussion publique devant le Sénat lui-même, dans les séances des 3 et 7 juin 1904, elle se heurta, comme elle l'avait fait devant la Commission, à la résistance du Gouvernement.

Deux membres de la Commission, MM. Tillaye et Dufoussat, présentèrent alors un amendement destiné à remplacer le texte de la proposition de M. Gourju par des dispositions qui, tout en ménageant les droits des particuliers, paraissait de nature à calmer les préoccupations du Gouvernement. Aux termes de cet amendement, *les communes privées de la police, même temporairement, demeureraient quand même responsables envers les particuliers, sauf le droit pour elles d'exercer contre l'Etat un recours distinct, mais devant le Conseil d'Etat et seulement pour raison de fautes lourdes commises par ses agents.*

C'est cet amendement, modifié légèrement dans son texte, qui a été adopté en première délibération par le Sénat dans sa séance du 29 mai 1905. Ce vote offrait un intérêt d'autant plus appréciable que, entre temps, le texte transactionnel ainsi admis sur la proposition de MM. Tillaye et Dufoussat avait été accepté aussi, au nom du Gouvernement, par M. Bruman, conseiller d'Etat, directeur des affaires départementales et communales au ministère de l'Intérieur.

Mais dès avant la première délibération le Sénat était saisi d'une proposition nouvelle de M. Riou, posant en principe que *l'Etat serait responsable au lieu et place des communes des fautes lourdes de ses agents ou de ses représentants, quand celles-ci prouveraient qu'elles ont fait tout ce qui était en leur pouvoir pour prévenir les attroupements et en faire connaître les auteurs.*

C'est à cette époque que se manifesta de tous les points du territoire, à la suite d'un Congrès des présidents des Chambres de commerce au nombre d'une centaine, un vaste mouvement d'opinion, en vue d'amener le Parlement à combler la lacune que nous avons signalée plus haut : à savoir **l'absence de tout secours concédé aux victimes, lorsque la commune n'est pas responsable, la municipalité ayant fait son devoir.**

Quelle différence, disait-on, peut-on faire entre la situation du maire de Lyon et celle de son collègue d'une petite commune? Peut-on soutenir que le maire de Lyon est moins responsable que son collègue sous le prétexte que ce dernier dispose d'une force municipale représentée.... par le garde champêtre et son sabre? Il apparaissait au contraire que le maire de Lyon, assisté du secrétaire général pour la police, jouit encore d'une situation bien supérieure à celle de son collègue rural.

Sans aller aussi loin que les Chambres de commerce qui demandaient à l'Etat d'être responsable en principe, en lui réservant la possibilité de se retourner contre les communes, plusieurs sénateurs, MM. Touron, Bernot, Prevet, Sébline et Richard Waddington, présentèrent, le 29 mai 1905, un amendement défendu par M. Touron et qui renversait le principe admis par les Chambres de commerce. *Les communes étaient toujours responsables, mais elles pourraient exercer un recours contre l'Etat lorsqu'elles n'auraient pas, même temporairement, la disposition de la police locale ou lorsqu'elles pourraient prouver qu'elles ont pris toutes les mesures en leur pouvoir et avisé en temps utile l'autorité administrative de leur impuissance à prévenir les troubles.*

Enfin, un contre-projet s'inspirant exactement du vœu des Chambres de commerce était déposé le 30 juin 1905 par M. Fessard. Abandonnant la loi de 1884, calquée sur la loi de vendémiaire an IV, l'honorable sénateur, maire de Chartres, pose en thèse générale qu'en dehors des faits de guerre, *tous les dommages résultant du fait d'attroupements et de troubles collectifs engagent la responsabilité de l'Etat.* Ce ne sont plus les communes qui, en thème général, sont responsables des dommages causés par les troubles ; *c'est l'Etat et il l'est devant les tribunaux de droit commun. Un recours lui est pourtant accordé contre les communes pourvu que celles-ci aient eu la disposition de leur police et qu'elles ne prouvent pas avoir fait tout ce qui était en leur pouvoir pour empêcher le mal.* Mais comme dans certains cas les sommes à rembourser à l'Etat pourraient-être hors de proportion avec les facultés financières de la commune, avec les ressources mêmes de ses habitants, *la responsabilité récursoire des communes est limitée, au maximum et une fois pour toutes aux vingt centièmes du principal des quatre contributions directes.* Elles peuvent se libérer en cinq annuités. *La somme à rembourser ainsi à l'Etat devrait être répartie entre tous les contribuables inscrits au rôle de la commune au moment des attentats commis, exception faite de ceux au profit desquels auraient été prononcés des dommages-intérêts.*

## Le contre-projet Fessard et la responsabilité de l'Etat.

Il est indéniable que le contre-projet Fessard renverse absolument le droit commun municipal actuel en matière de responsabilité concernant la réparation des troubles, au profit d'un droit commun tout nouveau qui remplacerait purement et simplement la responsabilité des communes par celle de l'Etat.

Mais il n'est pas douteux aussi que le droit de coalition et les grèves qui en sont trop souvent la conséquence aient créé une situation économique nouvelle qui devait quelque jour engendrer un déplacement des responsabilités pour les dommages nés de troubles publics, surtout dans les petites communes, dénuées ou à peu près de toute police.

On comprend sans peine que, dans les conditions nouvelles de l'industrie moderne, alors qu'un grand nombre d'usines s'élèvent maintenant dans de petites communes parfaitement incapables de les défendre en cas de troubles publics, par exemple en temps de grèves, les représentants qualifiés du monde industriel se soient émus des responsabilités illusoires qui pourraient trop souvent ruiner les communes sans procurer aux victimes des réparations effectives.

Il leur a paru indispensable que cesse l'état de choses actuel où l'on voit tous les pouvoirs publics irresponsables d'une situation qu'ils ont peut-être contribué à créer eux-mêmes.

Qui niera l'influence que peut avoir l'attitude d'un Gouvernement sur les mouvements de l'opinion publique? Qui donc est capable de prévoir et qui donc est armé pour prévenir ces attentats contre la propriété privée, sinon le pouvoir central? N'est-ce pas des organismes révolutionnaires centraux que partent les mots d'ordre qui vont soulever les populations de nos paisibles communes rurales? C'est donc également du pouvoir central que doivent partir les mesures, sinon de répression, tout au moins de précaution. Il est illicite à l'Etat de se dérober aux responsabilités de ses actes sous le prétexte le plus souvent qu'au dernier moment il a tenté de se dégager des fauteurs de troubles, alors qu'il n'était plus temps de le faire. Puisque l'Etat émet de plus en plus la prétention de tout diriger, c'est le moins qu'il assume les conséquences de sa direction et qu'il fasse rendre justice aux citoyens puisqu'il leur enlève le droit de se faire justice à eux-mêmes. Que subsidiairement l'Etat ait recours contre ceux qui peuvent être rendus responsables du dommage ou de l'émeute : contre les particuliers ou contre les communes pour se faire rembourser une partie de ses frais, cela est nécessaire; et le contre-projet de M. Fessard a soin d'énumérer et de préciser les actions récursoires de l'Etat contre les citoyens qui auront provoqué le tumulte, ou contre les municipalités qui ne l'auront pas réprimé. Mais ce qu'il faut établir et ce que cette proposition met en lumière, au premier plan, c'est la responsabilité, seule effective, seule capable de parer à tous les cas, de l'Etat centralisé qui nous domine, qui seul peut agir, et seul accomplir le devoir de protection ou, à défaut, de *solidarité* qui s'impose à tous en pareille circonstance. La solidarité entre citoyens d'un même pays doit prendre de plus en plus dans notre législation la place qui lui appartient. Comme le disait, en 1902, le très distingué président du Congrès de la Propriété bâtie au Havre, M. Raymond Saleilles, c'est *le risque social* qu'il faut reconnaître et assumer, ce risque qu'il faut poser et dont il faut indemniser ceux qui en souffrent, c'est la collectivité qui, elle, est là pour supporter, pour réparer *ces risques de la vie commune* qui doit payer l'indemnité à ceux qui ont eu à souffrir des à-coups de la révolution sociale, et cette collectivité est représentée par l'Etat.

Et, du reste, comme nous le disions déjà aux Congrès de Nice, du Havre, de Toulouse et de Bordeaux, le principe de l'irresponsabilité de l'Etat, considéré comme puissance publique, n'est pas un bloc aussi intangible qu'on a l'air de le proclamer. Est-ce qu'une loi bien connue, depuis longtemps réclamée, celle du 8 juin 1895, sur la réparation des erreurs judiciaires, n'est pas venue proclamer, en cas de revision d'un procès criminel ou correctionnel, *la responsabilité pécuniaire de l'Etat*, sauf à ce dernier à exercer un recours contre les personnes par la faute desquelles la condamnation a été prononcée ?

*<br>* *

Quoi qu'il en soit, la Commission sénatoriale chargée de l'examen de cette question de la responsabilité de l'Etat proposait, le 7 novembre 1905, le rejet de l'amendement Touron.

Il en fut de même, le 8 mars 1906, du contre-projet Fessard. La Commission conclut chaque fois au maintien de l'ancien projet Gourju modifié par l'amendement Tillaye et Dufoussat.

Mais le Sénat ne crut pas devoir suivre sa Commission, et le 8 juin 1906, il adoptait l'article premier du contre-projet Fessard.

Voulant à tout prix que les habitants de Paris, de Lyon et des autres communes intéressées ne soient pas indéfiniment privés de toute juridiction et de tout recours en cas de troubles ou d'émeutes, le rapporteur de la Commission, l'honorable M. Gourju, faisant, comme il le déclarait lui-même à la tribune, « à mauvais jeu bon visage », déposait, le 26 juin 1906, un nouveau rapport tendant à l'adoption du contre-projet Fessard, avec quelques modifications au point de vue : 1° de l'attribution à la juridiction administrative, au lieu de la juridiction civile, de l'appréciation des responsabilités ; 2° de la prise en charge par la commune de la preuve des circonstances libératoires en cas de recours en garantie de l'Etat ; 3° de la suppression de la limitation du montant des condamnations récursoires à prononcer, le cas échéant, contre les communes, laissant aux tribunaux, dans chaque cause, toute latitude d'appréciation.

On pouvait croire, à ce moment, qu'une solution était proche et que les habitants des deux plus grandes villes de France ne resteraient pas plus longtemps hors du droit commun, que l'accès des tribunaux leur serait enfin donné.

Il n'en a rien été. Le 19 novembre 1907, après une conférence avec M. Maujan, sous-secrétaire d'Etat au Ministère de l'Intérieur, et avec M. Bruman, conseiller d'Etat, commissaire du Gouvernement, la Commission déposait un nouveau rapport faisant table rase des propositions antérieures et concluant *à la responsabilité de toutes les communes, sans exception, sauf à celles-ci à exercer un recours contre l'Etat, mais seulement en cas de fautes lourdes de ses représentants, le dit recours devant être porté au Conseil d'Etat.*

Un second rapport de la Commission du 29 novembre 1907 appuyait cette proposition de loi et la recommandait au vote favorable du Sénat.

# CONCLUSIONS

Cette dernière proposition de loi qui paraît avoir quelque chance d'être adoptée par le Parlement, ayant obtenu l'approbation du Gouvernement, nous semble constituer le moyen pratique d'aboutir à une solution sinon complète, du moins acceptable du problème difficile, délicat, engagé depuis plusieurs années.

Elle aura incontestablement pour effet de rendre les communes de Paris, de Lyon, de Marseille et de leurs banlieues responsables comme les autres, *devant la même juridiction*, vis-à-vis des victimes des troubles publics, malgré la privation que ces communes subissent de leur police.

Ce sera à peu de choses près un retour à l'état de choses antérieur à la loi de 1884 et consacré par la Cour de cassation. De nombreux arrêts de la Chambre des requêtes et de la Chambre civile avaient admis en effet le principe de la responsabilité des communes, même quand la police était aux mains des préfets, ces agents du pouvoir devant être considérés de par la loi mandataires obligataires des communes.

Elle supprime enfin implicitement l'exception inscrite dans l'article 108, paragraphe premier, de la loi de 1884, qui avait pour résultat de priver le sinistré de tout recours contre la commune et par conséquent contre qui que ce soit, si celle-ci prouvait que toutes les mesures qui étaient en son pouvoir avaient été prises.

Cette suppression sera d'autant mieux accueillie que la Cour d'appel d'Amiens vient de confirmer un jugement du Tribunal civil d'Abbeville, qui avait décidé qu'une commune, — celle de Fressenneville, — ne pouvait être tenue pour responsable des dégâts causés à un industriel, à la suite d'incidents d'une grève inattendue, cette commune n'ayant d'autre force de police qu'un unique garde champêtre.

*<br>* *

Ces principes étant admis, il restera à notre avis au Congrès à examiner s'il ne doit pas orienter ses démarches vers cette législation nouvelle, dans laquelle M. Fessard voulait engager le Sénat.

La responsabilité communale paraît aujourd'hui singulièrement surannée. Les raisons des auteurs de la loi de 1884 qui s'étaient inspirés du décret du 10 vendémiaire an IV, étaient justifiées par l'état d'anarchie dans lequel était tombé le pouvoir central, par l'état révolutionnaire qui régnait sur toute l'étendue du territoire, par la difficulté des communications, par l'absence aux mains du Gouvernement d'une force armée suffisante pour faire régner l'ordre. Ces raisons ne sauraient subsister dans une société aussi fortement centralisée que celle à laquelle nous appartenons, avec une armée permanente d'un effectif colossal, avec la rapidité et la sûreté des communications, avec, et en un mot, tous les moyens dont dispose le Gouvernement pour se faire obéir, et sur l'heure, et sur tous les points du territoire. Il importe donc de rechercher si le moment n'est pas venu de transmettre à l'Etat la responsabilité qui incombe aujourd'hui à la commune, par application de ce principe supérieur du *risque social*.

Or, s'il est vrai que là où il n'existe à un degré suffisant ni moyens d'action, ni autorité, là ne saurait être imposée la responsabilité, il suffira, pour admettre cette théorie, de rappeler que la plupart des communes ne disposent pas de moyens d'action suffisants pour continuer à supporter la charge de cette responsabilité.

On conviendra sans peine également que dans les petites communes où vient s'installer une grande industrie, il est souverainement injuste d'exposer à la ruine tous les contribuables ordinaires et la collectivité communale elle-même par la répercussion pécuniaire de conflits économiques qui leur sont étrangers.

Mais nous reconnaissons qu'il serait dangereux de décharger les communes de toute responsabilité, car ce serait les encourager à se désintéresser du maintien de l'ordre sur leur territoire. Les maires ne prendraient plus de mesures préventives, certains peut-être favoriseraient les émeutes.

Il paraît même logique et rationnel que vu le caractère du risque social qu'il s'agit de garantir, l'indemnité éventuelle soit supportée par l'Etat, le département et la commune suivant un coefficient assez étroit que les tribunaux auraient la charge de fixer d'après les circonstances particulières et l'importance de chaque commune. Les centimes additionnels que ces réparations exigeront porteront, dans leurs sphères directes, l'enseignement qu'il faut tirer de l'application de ce risque social.

C'est sous l'empire de cette idée maîtresse qu'il nous a semblé sage d'aborder à nouveau cette étude dans ce Congrès de la propriété bâtie. Ce que nous avons voulu, ce n'est pas émettre une idée nouvelle, mais bien rechercher au point de vue pratique la meilleure solution en tenant un compte équitable de tous les avantages et de tous les inconvénients des systèmes en présence.

G. Forestier.

# VŒU

## Soumis au Congrès

« **Le Congrès :**

« Après avoir pris connaissance des vœux déjà émis par les Congrès de Nice, du Havre, de Toulouse et de Bordeaux.

« **EMET LE VŒU**

1º « Que la proposition dont le Sénat a été saisi les 19-29 novembre 1907, soit votée au plus tôt par les deux Chambres, et que l'Union de la propriété bâtie de France fasse toutes les démarches utiles en vue d'obtenir la prompte solution d'une question d'un si haut intérêt pour la propriété ;

2º « Que l'Union de la propriété bâtie de France mette à l'étude la question de la responsabilité directe de l'Etat substituée à celle de la commune, et subsidiairement la question de la mise à la charge de l'Etat, du département et de la commune de l'indemnité éventuelle, suivant un coefficient basé notamment sur l'importance de la commune.

# ANNEXES

## Loi du 5 avril 1884 sur l'organisation municipale

### *Articles 106, 107, 108 et 109.*

ARTICLE 106. — Les communes sont civilement responsables des dégâts et dommages résultant des crimes ou délits commis à force ouverte ou par violence sur leur territoire, par des attroupements ou rassemblements armés ou non armés, soit envers les personnes, soit contre les propriétés publiques ou privées. Les dommages-intérêts, dont la commune est responsable, sont répartis entre tous les habitants dans ladite commune, en vertu d'un rôle spécial comprenant les quatre contributions directes.

ARTICLE 107. — Si les attroupements ou rassemblements ont été formés d'habitants de plusieurs communes, chacune d'elles est responsable des dégâts et dommages causés, dans la proportion qui sera fixée par les tribunaux.

ARTICLE 108. — Les dispositions des articles 106 et 107 ne sont pas applicables :

1° Lorsque la commune peut prouver que toutes les mesures qui étaient en son pouvoir ont été prises à l'effet de prévenir les attroupements ou rassemblements, et d'en faire connaître les auteurs ;

2° Dans les communes où la municipalité n'a pas la disposition de la police locale ni de la force armée ;

3° Lorsque les dommages causés sont le résultat d'un fait de guerre

ARTICLE 109. — La commune déclarée responsable peut exercer son recours contre les auteurs et complices du désordre.

### Proposition de loi de M. Gourju.

### *Article unique*

A partir de la promulgation de la présente loi, l'article 108, deuxième alinéa, de la loi municipale du 5 avril 1884, sera complété ainsi qu'il suit :

« ARTICLE 108. — Les dispositions des articles 106 et 107 ne seront pas applicables : 1° (sans changement) ; 2° dans les communes où la municipalité n'a pas la disposition de la police locale ni de la force armée, auquel cas la responsabilité de l'Etat est substituée à celle des communes suivant les mêmes conditions ; 3° (sans changement). »

### Proposition de loi de M. Gourju
### modifiée par l'amendement de MM. Tillaye et Dufoussat.

A partir de la promulgation de la présente loi, les articles 108 et 109 de la loi municipale du 5 avril 1884, seront ainsi rédigés :

Article 108. — Les dispositions des articles 106 et 107 ne sont pas applicables : 1° lorsque la commune peut prouver que toutes les mesures qui étaient en son pouvoir ont été prises à l'effet de prévenir les attroupements ou rassemblements et d'en faire connaître les auteurs ; 2° lorsque les dommages causés sont les résultats d'un fait de guerre.

Dans les localités où la municipalité, même temporairement, n'a pas la disposition de la police locale, ni de la force armée, les communes déclarées responsables dans les conditions prévues aux articles 106 et 107, pourront exercer un recours contre l'Etat, mais seulement en cas de faute lourde de ses représentants.

Ce recours sera porté devant le Conseil d'Etat qui jugera, sans frais, ni droits de timbre, ni ministère obligatoire d'avocat.

Article 109. — L'Etat ou la commune déclarée responsable peuvent exercer un recours contre les auteurs et les complices du désordre.

Le présent article, ainsi que les articles 106, 107 et 108, sont applicables à la ville de Paris.

### Contre-projet à la proposition de loi de M. Gourju
### présenté par M. Fessard.

Article premier. — Les dégâts et dommages résultant des crimes ou délits, commis à force ouverte ou par violence, par des attroupements ou rassemblements armés ou non armés, soit envers les personnes, soit contre les propriétés publiques ou privées, donneront, hormis le cas où ils sont le résultat d'un fait de guerre, ouverture, au profit des personnes qui en seront les victimes, à une action en responsabilité contre l'Etat.

Article 2. — Les dommages-intérêts auxquels cette responsabilité pourra donner lieu ne devront pas excéder, en aucun cas, l'importance du dommage matériel éprouvé; ils seront payés aux ayants droit dans les trois mois qui suivront le jour où la sentence qui les aura prononcés aura acquis force de chose jugée.

ARTICLE 3. — Indépendamment de son recours en garantie contre les auteurs et complices des dégâts et dommages ci-dessus visés, l'Etat pourra exercer son recours contre la commune sur le territoire de laquelle ces dégâts et dommages ont été causés et contre les communes dont les habitants ont concouru aux attroupements ou rassemblements qui les ont commis.

Ce recours de l'Etat ne sera recevable que sous la double condition :

1° Que la commune sujette à ce recours aura eu, au moment des attentats commis, la disposition de la police et de la force armée;

2° Qu'il sera prouvé que ladite commune n'a pas pris toutes les mesures en son pouvoir, à l'effet de prévenir les attroupements ou rassemblements ou d'en faire connaître les auteurs.

ARTICLE 4. — La commune dont la responsabilité aura été prononcée judiciairement ne pourra être tenue, envers l'Etat, pour plus de vingt centièmes du principal des quatre contributions directes, la valeur du centime communal étant déterminée d'après le rôle établi pour l'exercice en cours au moment des événements ayant donné ouverture à l'action en responsabilité. Pour se libérer envers l'Etat, la commune aura un délai de cinq ans, avec obligation d'acquitter un cinquième de sa dette chaque année.

ARTICLE 5. — La somme, dont la commune aura été déclarée débitrice envers l'Etat, sera répartie entre tous les contribuables inscrits au rôle de ladite commune au moment des attentats commis, exception faite de ceux au profit desquels auront été prononcés des dommages-intérêts ; cette répartition aura lieu en vertu d'un rôle spécial comprenant les quatre contributions directes.

Les redevables profiteront du délai de cinq ans accordé à la commune, à la condition d'y rester domiciliés; ils auront, dans ce cas, la faculté de se libérer par cinquième chaque année.

ARTICLE 6. — Sont abrogés les articles 106, 107, 108 et 109 de la loi du 5 avril 1884 sur l'organisation municipale.

### Contre-projet de M. Fessard
### modifié par la Commission sénatoriale

*Article unique*

A partir de la promulgation de la présente loi, les articles 106, 107, 108 et 109 de la loi du 5 avril 1884 seront modifiés ainsi qu'il suit :

ARTICLE 106. — Les dégâts ou dommages résultant des crimes ou délits, commis à force ouverte ou par violence, par des attroupements ou rassemblements armés ou non armés, soit envers les personnes, soit contre les propriétés publiques ou privées, donneront, hormis le cas où ils seront le résultat d'un fait de guerre, ouverture, au profit des personnes qui en seront les victimes, à une action en responsabilité contre l'Etat.

Cette action sera portée devant la juridiction administrative, qui jugera sans frais ni droits de timbre, ni ministère obligatoire d'avocat.

ARTICLE 107. — Les dommages-intérêts, auxquels cette responsabilité pourra donner lieu, ne devront excéder, en aucun cas, l'importance du dommage matériel éprouvé ; ils seront payés aux ayants droit dans les trois mois qui suivront le jour où la sentence qui les aura prononcés aura acquis force de chose jugée.

ARTICLE 108. — L'Etat peut toujours exercer un recours contre la commune sur le territoire de laquelle les dégâts et dommages susvisés ont été causés et contre celles dont les habitants ont concouru aux attroupements et rassemblements, sauf pour chaque commune mise en cause à faire la preuve :

1° Qu'elle a pris toutes les mesures en son pouvoir à l'effet de prévenir les attroupements ou rassemblements et d'en faire connaître les auteurs;

2° Qu'elle a avisé, en temps utile, l'autorité administrative de son impuissance à prévenir ou à faire cesser ces troubles ;

3° Que l'autorité administrative n'a pas pris les mesures suffisantes après cet avertissement.

L'Etat ou les communes déclarées responsables peuvent exercer un recours contre les auteurs et les complices du désordre.

ARTICLE 109. — Les articles 106, 107 et 108 sont applicables à la Ville de Paris.

## Proposition de loi des 19 et 29 novembre 1907.

*Article unique.*

A partir de la promulgation de la présente loi, les articles 106, 107, 108 et 109 de la loi du 5 avril 1884 seront ainsi rédigés :

ARTICLE 106. — Les communes sont civilement responsables des dégâts et dommages résultant des crimes et délits commis à force armée ou par violence sur leur territoire par des attroupements armés ou non armés, soit envers les personnes, soit contre les propriétés publiques ou privées.

Les dommages intérêts dont la commune est responsable sont répartis entre tous les habitants en vertu d'un rôle spécial comprenant les quatre contributions directes. Toutefois, lorsque sa situation financière l'exigera, la commune pourra être autorisée à contracter un emprunt dont la durée d'amortissement ne devra pas excéder dix années et qui sera remboursé au moyen de centimes additionnels aux quatre contributions directes.

Article 107. — Si les attroupements ou rassemblements ont été formés d'habitants de plusieurs communes, chacune d'elles est responsable des dégâts et dommages causés dans la proportion qui sera fixée par les tribunaux.

Les dommages-intérêts auxquels cette responsabilité pourra donner lieu ne devront excéder en aucun cas l'importance du dommage matériel éprouvé.

Article 108. — La commune ou les communes déclarées responsables dans les conditions prévues aux articles 106 et 107 pourront exercer un recours contre l'Etat, mais seulement en cas de fautes lourdes de ses représentants. Ce recours sera porté devant le Conseil d'Etat, qui jugera sans frais ni droits de timbre, ni ministère obligatoire d'avocat.

Les dispositions des articles 106 et 107 ne sont pas applicables lorsque les dommages causés sont le résultat d'un fait de guerre.

Article 109. — L'Etat, la commune ou les communes déclarés responsables peuvent exercer un recours contre les auteurs ou les complices du désordre.

Le présent article, ainsi que les articles 106, 107 et 108 sont applicables à la ville de Paris.